MORDIENDO LA PENUMBRA

MORDIENDO LA PENUMBRA

CONSUELO HERNÁNDEZ

Valparaíso
EDICIONES

Número 490 de la Colección VALPARAÍSO DE POESÍA
dirigida por FEDERICO DÍAZ-GRANADOS

Esta publicación ha sido posible gracias al apoyo del Teatro de la
Luna en Washington DC.

Diseño de la colección: Chari Nogales

Maquetación: Ciclo Creativo

Primera edición: mayo de 2025

© De los poemas: Consuelo Hernández
© Imagen de portada: *Ventana*, de Félix Portela.
Óleo sobre madera. Colección privada.

© Valparaíso Ediciones
C/ Fray Leopoldo, 7 bajo, 18014 Granada
www.valparaisoediciones.es

ISBN: 979-13-87538-66-8
Depósito Legal: GR 819-2025

Impreso en España - *Printed in Spain*
Gráficas Gami

MORDIENDO LA PENUMBRA

PRÓLOGO

NO HAY CAMINO FÁCIL
DE LA TIERRA A LAS ESTRELLAS

A través de un sutil juego de conexiones y de sucesiones, surgen en este poemario de Consuelo Hernández una serie de tópicos que se manifiestan como fuente de pensamiento, de inspiración y también de recurrencia. Se trata de un imaginario en tensión; de un juego de luces y sombras en donde se contrapone lo más profundo de la psique humana y el materialismo; la lengua que designa y las significaciones que quedan inaccesibles; la fragilidad de la vida y la presencia absoluta de la muerte. Existe una tensión sensible entre Atenas y Jerusalén. Si se percibe en la escritura de esta poeta un arraigo reflexivo e intelectual –una distinción del *logos* y del *episteme*–, se intuye de manera aún más evidente el sustrato místico expresado a través de alusiones espirituales que sin nombrar entidades muestran un apego a la fe y a la espiritualidad esencial que concede un rostro verdadero a lo absoluto, sustrayéndole de todo relato, leyenda, dogma o ídolo a los que suele circunscribirse.

Esto se traduce en la celebración que la poeta realiza de la tierra y de los fenómenos marcados por la intensidad, la traslación y el movimiento. Pese a que generalmente se ilustra una atmósfera densa y con frecuencia fija, las imágenes que pueblan "*Mordiendo la penumbra*", están en movimiento y es esta cualidad lo que condiciona el fundamento de la escritura y permite que el pensamiento, la sensibilidad y la manera de vivir del Yo poético hagan del existir un imperativo y lo vuelvan posible. El poema "En mi vecindad" deja entrever que en la vida lo indispensable "(...) *es el agua y el aire... el sol y la tierra / es el agricultor / ángel tutelar, que cultiva los vegetales / y las frutas servidas en mi mesa.*" Los poemas contenidos en este libro representan una suerte de epopeya mental y de aventura espiritual caracterizada por una búsqueda que se expande de lo íntimo a lo general, empleando como telón de fondo, la realidad. Una escritura que pone en perspectiva la problemática y decisiva renovación que se impone como desafío ante un contexto suspendido en el vértigo, la confusión y la amenaza; en los dobles ficticios proyectados entre el ser y lo real: "*el grito visceral enmudece melodías / teje elaborados disfraces (...) nos desafían monstruos ocultos... / el miedo se apodera de las plazas / las escuelas... los templos... / de los muchachos abatidos / sin Cristo, Buda, Mahoma o Moisés.*" (poema "Monólogo").

Lo que aquí se juega, en gran medida, es la triple experiencia del abandono al tiempo, al espectro y al lenguaje, hipótesis cercana al absoluto literario propuesto por el romanticismo alemán. Es así como al interior de cada texto los objetos e impresiones se designan, dicen sus nombres y se restituyen reflejando como el pensamiento de la hablante lírica constituye una geografía de ideas e imágenes; una topografía accidentada y a la vez estratificada; un terreno propio que se expande a los confines de la cultura que le sirve de base y a los libros que, según la poeta, son su secreta familia. En ese sentido, esa topografía de ideas, emociones e imágenes no constituye ni una ideología ni una doctrina, más bien una manera de ser, de ver y de vivir: "*en las líneas de las manos / y las cicatrices del cuerpo / porto el mapa de una ciudad.*" ("Retazos de ciudad").

En la relación que la poeta entreteje con la tierra se bosquejan los movimientos complejos del alma humana. La tierra con sus ciclos es espejo del yo interior y, a la vez, del cuerpo que es soporte del *pneuma,* donde se cumple el fenómeno vital por medio de una manera singular de ser y de estar en el tiempo y en el espacio. En ese plano, el cuerpo, que es a la vez generador y receptáculo de las mutaciones de todo orden, juega un rol mayor en la sublimación que Consuelo Hernández efectúa a través de una identificación que le permite transformarse en elemento, en fenómeno, en alteridad. Esto se manifiesta en el poema "En comunión". Aquí la autora asume una identidad múltiple, polimorfa: "*una soy con las paredes de la casa / con las olas del viento que aspiro y me inspiran / con cada pulsación afinamos / rueda / retumba / y retorna / el halo maravilloso de los objetos / alucinación intraducible de ser una con ellos.*"

Una imagen recurrente es la transformación de la hablante en pájaro. Personificando un ave, las interrogaciones van de una parte a otra demostrando que el verbo no es monolítico, sino performativo y vital, como lo evidencia el poema "Desmoronamiento": "*Soy un ave flotando en el espacio / ¡Ay muerte cómo duras tanto tiempo conmigo!*". A través de la prosopopeya que opera en esta imagen, el símbolo proyecta una libertad auténtica, asociada a la proyección del sueño: "*como quisiera arroparte / con mis alas de borrasca tropical*" ("Tu piel"). Los pájaros son y han sido sinónimo de libertad y de esperanza, de

11

espíritu y de transición en todas las culturas. A lo largo del poemario, encontramos dispersos el canto y el silbar de aves que no se nombran. ¿Se tratará, por ejemplo, de gorriones, cigüeñas, cuervos o golondrinas? Sin citar la fauna, el poema alude sistemáticamente a la metáfora y la inscribe a partir de la intención y del ritmo: la voz que apela al ave no está atada a los designios divinos ni a las leyes de la naturaleza. De ahí que, sin importar el tipo de pájaro, esta evocación es a la vez un recordatorio de fuerza interior y una invitación a explorar los misterios de la vida en el más amplio sentido. El poema "Detengan el monstruo" lo expresa de esta forma: *"como pájaros ungidos de cielo / esperamos una chispa de estrella/ que nos conduzca a una escapatoria."*

Más allá de personificación, la invocación del ave le permite significar algo trascendente que espera desenlace o que describe una situación perentoria : *"Soy un eco de rumores lejanos / tatuaron mi cuerpo el silbar de las aves / la caricia del agua / el vocerío de las olas y el viento."* (poema "Soy un eco"). El ser humano es libre en cuanto tiene la capacidad de trascender hacia lo sobrenatural, y en tanto que puede definir y afirmar por sí mismo su entorno (hacer cultura) y su ambiente espiritual en función de sus inclinaciones. De esta manera, los poemas de Consuelo Hernández se van afirmando en valores que recuerdan una cierta fuerza ética del pasado, sin que ésta sea presuntuosa o moralizante, por el contrario, es vector de una virtud cuyos principios inaugurales son más que nunca de actualidad.

Para ilustrar aquello, vale evidenciar otra imagen recurrente en este libro: el árbol de la vida. Este concepto existente desde tiempos inmemoriales está presente en las tradiciones indoeuropeas, celta, precristiana, hindú y precolombina. El árbol simboliza la fuerza de la vida y sus orígenes, la importancia de las raíces y el crecimiento de las diferentes ramas. Por ello de manera análoga, el árbol-mundo y arquetipo en la mitología universal, reúne indistintamente las diferentes partes del universo: el mundo celeste, terrenal y subterráneo. Por asociación, se unen a esta idea valores tales como la solidaridad, la fraternidad, la consciencia de lo colectivo, del sentido y del bien común. En los poemas de Consuelo Hernández, el árbol aparece generalmente en peligro o en crisis. El poema "Desdicha" lo expone de manera objetiva: "*Han derribado el árbol milenario / las aves claman incesantes… su canto es queja.*"

Si la esencia del árbol representa una fuerza tutelar, la autora insiste en mostrar que dicha entidad viviente es capaz, en su práctica transformadora, de modificar al mundo y a sí misma. Es quizás por ello que una vez más la tala aparece como un elemento decisivo : "*He talado ese árbol del suicidio / que crecía en mis costuras invisibles*" ("Poderío"). Esta acción estratégica está motivada por el ánimo de trascendencia, que no tiene límites. Ello traduce una conjugación de intelecto y voluntad necesaria para volver a fundar, para avanzar hacia un fin superior que no puede alcanzarse sin impulso ni movimiento. Cuando la voz dice "*conozco la carencia del árbol protector*" ("Invención"), lo que se está jugando es la posibilidad no solo de escribir una historia, sino de decidirla y ponerla en acción. La contemplación y la reflexión inherentes a estos poemas no son actitudes pasivas o pesimistas, sino ecuaciones posibles para conducir el espíritu al dominio de sí mismo. En esa medida, el árbol presente en *Mordiendo la penumbra* se aleja de aquel del huerto del Edén para familiarizarse más bien con el Yggdrasil de la mitología nórdica o incluso con el olivo griego. Ambos arboles encarnan la conexión entre los seres, la sabiduría, el crecimiento personal y la inmortalidad, en el sentido de la locución antigua *Gnothi seauton*, traducida en latín como *Nosce te ipsum* o *Temet nosce:* "conócete a ti mismo" a través de la transformación y de la búsqueda del conocimiento

A las imágenes del pájaro y del árbol se suma: la evolución de la materia. Hemos dicho que el movimiento está presente en la dinámica primera del discurso que busca convocar ausencias, reinventar figuras, reformular sucesos y dar cabida a nuevas posibilidades, a ejercicios opuestos al estereotipo y a la polarización. Hay una convergencia de estas tres imágenes en la acción del hablante: *"Rompo la cuerda de balance / y en un lento fluir de torbellinos / me libero de simetrías perversas / y en esa imperfección brilla mi sino."* ("Ruptura").

La tentativa de lucha contra la asignación lo es también contra la parcelación del mundo. Se trata de una gesta que, contra todo simulacro, parte de la experiencia personal para encausar la tribulación, la incomprensión y la injusticia infligida al otro: *"cuantas horas idas masticando arena / en un estrangularse del estómago / estrujados por la rabia y el temor (…) volvamos a los huesos silenciados."* ("Rebelión"). Este recurso, muy característico de la poesía hispanoamericana del siglo XX, presenta al Yo poético bajo la forma de una entidad resistente y combativa que, luchando por su autonomía, se vuelve también ciudadana. Al unir el acto poético con el acto político encontramos una experiencia estética abierta a los posibles. El cuerpo se abre a la fiesta de los sentidos, a lo desconocido de la emoción y de la conciencia; el árbol empuja sus raíces en las tierras del sufrimiento y los pájaros se reconocen y se unen en el canto supremo de la liberación del yugo de la ignorancia, de la opresión, de la codicia y del nihilismo. La tensión por conquistar un terreno de redención es palpable en muchos versos. El poema "Líbrame, Señor" lo evoca sensiblemente (*"Señor, me perdí conviviendo con fantasmas.*"), al igual que los textos "Cuerda floja" y "Fin de un mundo" en donde aparecen nuevamente las tinieblas que generan dicotomía: *"espectros en el dintel de la oscuridad / me impulsan a saldar deudas / que ignoro como y cuando las contraje.*"; *"voy atada a la sombra de mis mayores / mi tabla de salvación y sacrificio / que convoco con un chasquear de dedos (…) me asedian monstruos.*"

Discretamente se despliega en el libro una lexicografía propia de la muerte, en donde la toma de conciencia de la finitud es condición necesaria para que la vida adquiera sentido. La muerte es una constante ambigua, frente a la cual se requiere vigilia: *"entretanto la muerte espía en cada esquina / como abeja atareada a su faena.*" ("Pelea con cuervos"); *"la muerte riela entre silencio y reposo"* ("El rincón de los niños"); *"los muertos se resisten al olvido / se interponen en mis travesías / sacian su sed en mis sueños.*" ("Mis alianzas").

La mencionada vigilia hace alusión a la metáfora de la muerte como adormecimiento o abdicación. La problemática de la muerte, aun reconociendo su dimensión fundadora y preponderante, la negación habitual es la que la acompaña. De modo indirecto, este poemario nos invita a pensar en la antigua "Buena muerte" con lo cual se entendía que, para ganar la trascendencia, el individuo debía prepararse permanentemente para el encuentro decisivo con la "ruptura" y esforzarse por hacerse digno de su vida y de su condición humana. A través de los esfuerzos ritualizados por la *Pietas* de los hombres, éstos podían honrar y conservar la *Pax deorum*, la paz y la armonía entre los dioses y la esfera terrestre. El rito y el poema forman desde siempre una alianza indisoluble.

La escritura es una tentativa por cambiar la configuración de las cosas, por crear nuevas significaciones y luchar contra la desaparición. Consuelo Hernández hace circular en su obra la herencia del pasado con la recreación de la memoria; piensa las filiaciones entre historia y porvenir, entre la búsqueda de profundidad y el exceso mediático de nuestra época que genera confusión, vértigo y olvido. Por ello es posible afirmar que, para esta voz poética, el poema es ante todo una reacción a la ausencia; el poema es también un lugar y un tiempo.

Escribir es un acto que convoca el silencio y una tentativa por reconstituir un todo. No cabe duda de que los poemas aquí inscritos, en su plenitud aparente, están hechos de mil fragmentos que provienen de lo conocido y de lo inacabado que se despliega en una transformación permanente. Pese al contexto de urgencia y de contradicción en que el libro ha sido escrito, el mensaje que prevalece es universal y humanista. El impulso que emerge del verbo poético recuerda aquella frase de Séneca : «*Non est ad astra mollis e terris via*», No hay camino fácil de la Tierra a las estrellas...

Carles Díaz
Bordeaux, 24 de febrero de 2025.

EPÍGRAFE I

...era tanta la multitud de los que de día y de noche morían en la ciudad, que causaba estupor oírlo decir, cuanto más mirarlo.

BOCACCIO

EL RINCÓN DE LOS NIÑOS

Después de escuchar a Debussy

Caen los párpados como gotas destrozadas por la brisa
y cantando el silencio pasa colmando los cuartos del hogar.

Danza la oscuridad su sinfonía
       largo andante... molto lento... vivace...
y madruga el bello resplandor del día.

Tímido el sol acaricia las mejillas
       las ventanas y los cafetales...
Me arrodillo para rumiar memorias
y los niños se levantan a libar el claro néctar del alba.

Encarnan guiones gestados en la noche
en sus juegos ensayan futuras desgracias
tristezas no probadas todavía.
Inventan mundos nuevos... guerras frescas
hijos menos inocentes.... duendes indomables
y bajo el cielo de traje hermoso imaginado por Debussy
la muerte riela entre silencio y reposo.

CAYENDO DEL TRAPECIO

La luz y la cordura se esfumaron...
en la cuerda floja caminamos
        midiendo el caos... el abismo...
inquietud por el pago mensual
que las estatuas sigan en pie
y los clavos fijos en la pared.

Descuellan las cabezas de chorlito
        las rutas del tornado,
        los avances del fuego
y se desborda el agua consumando vaticinios antiguos.

Ocultamos la miseria en que flotamos
cubrimos con máscaras el rostro
creyendo protegernos de la muerte.

Ascendimos como el fuego
nos lanzamos del trapecio
y caímos como lluvia, don y terapia del corazón saltón,
        tentación en desconectado vuelo
en otra comparsa de disfraces...

Cae el telón sellando las puertas...
Mordemos la penumbra que nos deja ciegos
otra cartografía de la noche,
cuando el águila picotea las entrañas
y nos condena al encierro interior
        en un suspenso que parece interminable.

EN MI VECINDAD

En mi vecindad ya no nos invitamos
ni celebramos nada
todo tiene un aire de tristeza.
Nuestras casas separadas por verjas y jardines
        nos parecen un fortín amurallado…
Nos saludamos desde lejos
y oramos por enfermos y enfermeros
por los ancianos en casas de reposo
por los indocumentados maltratados sin piedad
y en los médicos depositamos la esperanza
sorteando el cisma entre ciencia y poder.

Me lavo las manos una y otra vez
el jabón empieza a mermar
queda algo de alcohol y algunos desinfectantes…

y de pronto veo claro:
lo indispensable en mi vida no es un barril de petróleo…
        no es una onza de oro …
        ni los sofisticados electrónicos
es el agua y el aire… el sol y la tierra…
es el agricultor,
ángel tutelar, que cultiva los vegetales
        y las frutas servidas en mi mesa.
Y quisiera, como nunca, tenerlo cerca…
abrazarlo… decirle gracias
y mirándolo a los ojos pedirle perdón
        por tanto tiempo que lo hemos ignorado.

PRISIONERA

Vivo en reclusión como hoja que se diseca
    entre dos páginas
los riesgos de perecer se multiplican
y con frenesí ansío un gavilán que desteja mi jaula
    este paisaje de brazos cruzados
    de ventrílocuos que nada dicen
voces estridentes rompiendo vitrales
    con fábulas sin ingenio.

Me refugio en mi palacio de recuerdos
buscando reincidente en la noche
    los destellos de mi delantal escolar
    la llama viva de lámparas en templos lejanos
    la armonía de las galaxias
y anhelo ser la figura plena de luz
una constelación rotando en libertad.

EN LA TORMENTA

En honor a Wagner

Condenada a navegar en las tormentas
como *El holandés errante* en los mares del Norte
busco la dádiva transitoria del amor
en la marea del espantoso insomnio...

Una fuerza centrífuga me eleva
anochece mi servidumbre diurna
todo en la ciudad sabe a peligro
a tristes sepias, a soledad vinagre.

Acecho la ebriedad de un punto inerte
y como animal feroz
mi voz elevo en abanico abierto.
Rompo el cerco de silencio
        muro que me apresó sin darme cuenta
destrono al macabro dictador
el último ordenador que me fustiga.

Renuncio a mis archivos personales
        virgen de normas me declaro
renazco con mente ingrávida, liviana
y me perpetúo en su fugacidad.

PELEA CON CUERVOS

Una tiene que pelearse con los cuervos
el derecho a los escaños en los parques
y la sombra protectora del árbol
    bajo el ardiente mediodía.

Entretanto la muerte espía en cada esquina
    como abeja atareada en su faena
asesina jóvenes enamorados
y ancianos recluidos en albergues
    que perdieron el tren hacia sus besos.

Los cuerpos caen como monumentos derribados
la tierra los recibe sin rituales
sin remilgos de color ni condición
mientras continúo mi lucha con los cuervos
en el jardín donde peso mis cansancios
esperando que la muerte pasará sin verme.

FUTURO

Desoladas quedaron las calles de la ciudad
briznas de hierba vuelan sobre el pavimento
y mi peculiar cielo liberado de fragores
lo pueblan sinfonías de aves mañaneras.

Con el tenebroso manto de la noche
regresan los pájaros a su asamblea vespertina
apacibles se posan en los cables y en las copas de los árboles...
Para ellos todo es siempre un empezar...

Yo rehuso a convertirme en máquina
me interno en la soledad de un Hopper
soy silueta en el balcón cazando horizontes
soy la mujer que abre la puerta para respirar
        y lee las noticia cerca al piano...

Me dan ganas de sacarlas de esos cuadros
volver a un bar en compañía
al campo... a la playa... a navegar en velero
y vivo un devenir inventado
        preñado de aliento optimismo.

GRITO INEFICAZ

Paladeando saliva roja
escucho voces desentonadas
traiciones inapelables
irredenta del anhelo de paz
     que orbite nuestra morada comunal.

En el mundo subsidiario de lo bello
polvo lenitivo del balance
desafío la voracidad virtual
     los encierros obligados
     la libertad estrellada en calles ciegas...

Soy escriba buscando en lejanías
una óptica que suavice los aullidos
porque un poema a gritos es mudez
     es verbo ineficaz.

EN LAS NUBES

Habité un país hecho de las nubes
mares y montañas cubrían el horizonte
elefantes de extremidades solubles
amenazaban los rebaños transeúntes.

Penetré el hogar de la neblina
el túnel de silencio donde el miedo se diluye
y volé gracias al que el aire me oponía resistencia.

Descendí de las nubes en plena selva virgen
y en caseríos de indígenas... churuatas comunales
reviví con ellos la antigua edad de piedra.

Un cóndor desafiaba el infinito
hormigas y el lagartos reposaban
            bajo palmeras de corozos
y enfrentando cocodrilos, llegué a terrenos firmes
y vencí los vampiros de la noche...

Al otro lado me aguardaba amenazante
un jaguar acicalando su pelaje.

MONÓLOGO

En estas calles de todos poseídas
el griterío visceral enmudece melodías
teje elaborados disfraces
y ataviada de harapos despierta la poesía.

Nos desafían monstruos ocultos...
el miedo se apodera de las plazas,
    las escuelas... los templos...
    de los ojos de muchachos abatidos
    sin Cristo, Buda, Mahoma, o Moisés.
Arden sus pupilas
de amor sedientos tiemblan
y recios truenos arrugan los lagos.

Cruzan luces con buenas intenciones
persiguiendo el dragón del futuro
la catedral de suspiros
el ascenso por la escala de la aurora
o el retorno al vientre de la infancia
al beso maternal, luz verde hacia la felicidad.

El frío y la nieve caen lentos ... se demoran
puliendo los guijarros que apedrean el poema.

DESMORONAMIENTO

Cuando la vida se desmorona...
y el placer se desvanece,
los segundos se preñan de ocio
de incontables salidas al porvenir.

Estoy en una pira sin saber por qué vivo
ninguna razón me ata al mundo que otros hacen
ni gozo... ni dolor
ni nostalgia... ni amor.

Soy un ave flotando en el espacio
remonto cordilleras
arrastro mi miseria
desciendo al precipicio
donde vuelvo a nacer
buscando la paz que sin tregua mendigo...

¡Ay muerte cómo duras tanto tiempo conmigo!

NAUFRAGIO

Ancha es la tarde... sosegada queda la ciudad
como un sollozo la soledad se alarga
y el mutismo es otra eternidad.
        El teléfono duerme silencioso...
sufro la espera en un lugar adverso
el techo materno se derrumba
y la base permanece inconmovible.
Cuando todo podría ser posible
se cierran las puertas
los mensajes no llegan
callan las campanas
los amigos no están
y la alegría muere... claudica... y se transforma.
        Dónde los aventureros dispuestos para el viaje...
qué fuerza organiza esta agonía...
cuál es el sentido de las líneas de mis manos...
quién en su delirio nos fraguó...
        Olvido el cauce del amor repartido
teorema de secretos ardores
y vocifero sólo estas líneas
que tal vez me están salvando del naufragio.

TU PIEL

Tu piel, mi geografía
    mi límpido recuerdo
    mi volcán
    mi planicie.

Tu cuerpo equino sobre el mío
    sumiso bajo el mío.
Tú, mi ave pasajera
    grabando con tu vuelo mis cavernas.

Tú mi canción
    mi poema
    mi parque clandestino
    mi oasis a la vera del camino.

Cómo quisiera arroparte
con mis alas de borrasca tropical.

DERRUMBE

Amanezco con un olor a pesadumbre
un grito atascado en la garganta
y un sabor a frutas mordidas...

El humo de hornos crematorios
        clave de mis desvaríos
dibuja galerías en serie
por donde viajan estrellas apagadas.

Una urbe vuelve fresca a mi memoria
        mojada por la íntima nieve
museo de cera donde también rodé
        ciudad-torbellino-ciega
agujero negro que se traga a los niños
        y les deja turbia la mirada.

La casa de naipes se derrumba
como caracol de vidas y batallas perdidas...
otra manera de escalar el final
para encender de nuevo
                una llama de esperanza.

EPÍGRAFE II

La tarde en esta región debía ser como una tregua melancólica. Hoy el sol desbordante que hacía estremecer el paisaje lo tornaba inhumano y deprimente.

A. CAMUS

EN COMUNIÓN

Vuelvo las cosas como ebria de mí misma:
libros con sus ojos quietos
       poblados de saberes misteriosos
me interrogan
dialogan entre ellos
a contraluz platicamos...
Ellos son mi secreta familia.

Una frágil placidez reina en la casa
el silencio de la ciudad disfraza el frío
los alimentos terrestres riman
       con el íntimo fuego del hogar
y con el tejido de un linaje perdido...

Una soy con las paredes de la casa
con las ondas del viento que aspiro y me inspiran
con cada pulsación afinamos
       sin apegos sucede el sereno compartir
de nuestra predestinada coincidencia.

Rueda
retumba
y retorna
el halo maravilloso de los objetos
alucinación intraducible de ser una con ellos.

LÍBRAME, SEÑOR

Líbrame, Señor, de perder el instante
dame la gracia de enriquecer mis horas
emancipando mis deseos.
Derrumba las murallas que me aíslan
y suelta las mordazas que me atan.

Oye mi petición
devélame el motivo de mis cotidianos ardores
y el sentido de mi devenir.

Anoche vi en llamas mi hogar materno
y sentí miedo.
Brillaba la luz en una esquina
relumbraba una lanza
y la libertad huía en otras alas...

Señor,
me perdí conviviendo con fantasmas...
preciso cruzar el puente a la alegría
a la inusitada patria de mi suerte.

SOLEDAD

La soledad clandestina se desplaza
usurpando espacios
vigila mi andar y como pájaro detenido
picotea las migajas de quietud
   que me sostienen viva.

Como una paloma me confunde con estatua
camina sobre mis pies...
y se posa en mi hombro...

El viento sopla fuerte y sin saber lo que dice
alborota en mi cabeza de medusa aullidos de loba
y tragedias descuadernadas del libreto
   para la escena que vendrá.

CONDUCTORES RETORCIDOS

Conducir destinos ajenos requiere ser retorcido.

Mejor me voy a escapar a un refugio inexistente
la casa de los abuelos hace años ya demolida...
Vuelve a calentar el fuego
se prende la planta eléctrica
y cultivan fértiles campos.

Mi abuelo caza y pesca y al regresar de faenas
saluda a su gato, Pacho
y de su colmenar me ofrece un rico panal de miel...

Me aterrizan en picada la migración, el enojo
y entre tanta confusión se empieza a colar la luz
mi país adoptivo podría ser el mejor
más solidario, más justo, y con menos prepotencia
sin la urgencia de conservar a toda costa el poder...

En otro país remoto tienen viajando a un virus
embozalan a su pueblo, que la verdad nadie diga
silenciados con miedo no habrá iracundia o lamentos
de lo contrario la cárcel, la desaparición forzada
o el eterno descanso en la paz de un cementerio.

EN PATRIA PRESTADA

Habitar un cuerpo de mujer no ha sido fácil
y en patria prestada es más difícil.
Una mujer transterrada es invisible
     inaudible
     innombrable
una desconocida... remota e insondable.

Su nombre impronunciable y mal escrito
evidencia la culpa de ignorarla.
A pleno día le tronchan su esperanza
decora listas que fingen inclusión...diversidad...
y luego llega el consabido: "Lo sentimos..."

Vasallos erigidos como amos
le asignan tareas intolerables
y le delegan misiones conflictivas.

Una mujer en patria prestada
     ya no pertenece a ninguna parte
es el perfecto chivo expiatorio
si les conviene, su firma falsifican
para mantener sus manos pulcras
y si con ira contenida se rebela
se ensañan contra ella
y le enseñan la medida de su espalda.

Mas, esa mujer casi inexistente, es invencible
se gana su puesto a puro pulso...
Es la mujer de la imposible derrota.

ALMAS EN PENA

El mundo se está convirtiendo en una caverna global igual que la de Platón:
todos mirando imágenes y creyendo que son realidad.

JOSÉ SARAMAGO

Me asedian seres en fuga de mirar desorbitado
presos de las redes y de la dudosa inteligencia
ciertamente artificial.

Día y noche custodian sus caudales intangibles
como almas en pena de un infierno anticipado
monologan con antifaces en serie...

Hablo de las hordas en estos días enrarecidos
escoltadas por paredones de silencio
cuando el instante corre sin detenerse
y yo me niego a comulgar con un pan rancio
en la fase más álgida del tiempo.

MIS ALIANZAS

Los muertos se resisten al olvido
se interponen en mis travesías
sacian su sed en mis sueños
comen de mi carne
y con sus huesos desnudos
     mendigan la limosna de la vida.

Me desvío de sus errancias
 y de las funestas rutas que inauguran
       sobre el rastro de mi nieve personal.

Evito veredas transitadas
busco la salida de tantos laberintos recorridos
alerta en mi particular vigilia
y me alío con los caballos indómitos
    que pastan en mi sombra.

BIZARRO

A la escalera le falta el pasamanos
a mi vida, el auxilio de los hombres
el ascensor se ha enloquecido
doy vueltas.
      Subo
      bajo
y me mareo…

Las murallas esconden un peligro
limitan y recortan mis senderos
en la cocina se ha derramado el chocolate
por pisos resbalosos me deslizo.

Un hombre me obsequia las semillas
               de frutos que jamás he saboreado…

Dice que los humanos tienen cola
me habla de perfumes y sandalias
y se va… me deja sola.

En el jardín crecen las rosas
alguien me lanza contra la grama
la tierra me ofrece un nuevo aroma…
Se desordena mi mundo,
y mi existencia es un cuarto de rebujo.

Yo, como tú, también creo que fue una pesadilla.

PODERÍO

He talado ese árbol del suicidio
que crecía en mis costuras invisibles
sobre el continuo agrietarse de mi ser.

No le permití que me volviera trizas
me refugié en la suavidad del barro
en la calidez de una voz amiga
en la palabra justa y el soplo de su aliento.

Desnudé apariencias
me alumbraron pasajes
crucé a la otra orilla
y abrí mis puertas a la vida...

Agotada de rezar en lenguas de explosiones
sobreviví a la noche
a las imaginarias muertes que en mí llevo talladas...

Y resolví amarte
amar con todo
con la palabra
con la piel
con el alma
y abrazar la vida sin temores a la muerte
me hizo merecedora de la vida.

EL CARNAVAL

Todos han salido a vagar como almas extraviadas.
Es día de carnaval
del mundo al revés contra la rutina diaria
un mundo patas arriba que camufla su íntima tiniebla
tras máscaras de gozo y alegría.

Yo sola velo... en soledad medito
y en el umbral de dolor y desconsuelo
escucho los acordes que el universo interpreta en su girar.

Celebro el carnaval en mi interior
al compás del beat que llevo dentro
la luna llena despedaza la noche
me besa y me ciega el brillo de su luz.

En el trance de mi última danza
seré el amor de mi vida...
No más mediatizaciones.
No más evasión.
No más no-ser.

RETAZOS DE LA CIUDAD

Entre la multitud desamparada
la atmósfera viciada y el duro pavimento
muros que nos separan
puertas que nos ignoran
escaleras subterráneas hacia cumbres inalcanzables.

En las líneas de las manos
y las cicatrices del cuerpo
porto el mapa de una ciudad...
Calles iluminadas
barrios inhóspitos
túneles en tinieblas
vecindades azarosas donde se extingue la vida.

Me marcan placas de construcciones
grietas secretas, sin nombre
trechos por recorrer
hitos ilegibles... avenidas clausuradas...

Mis propias encrucijadas...
una travesía que descifraré al final del viaje.

INVENCIÓN

Leo los diarios y las circunstancias no me tocan
no me incluyen.

Me distancio
los enfoco con la lupa y casi no los veo
los leo y no entiendo
siento que una realidad ajena se me escapa
y me cierra las puertas.

La versión de mí misma es desdeñada...
Hay olvido... indiferencia en el fondo.

Conozco la carencia del árbol protector
suplo el frescor de su sombra a mi manera
reimaginando en mí un guía ausente.

En ese mundo aislante y mutilado
soy como un poema sin dueño
cantando a la deriva.

TÚNEL

Desde los cristalinos ojos de un rascacielos
en la ciudad más digital del planeta
una mujer acosada por la talla de sus sueños
deslíe sobre el asfalto su silueta ensangrentada.

Decidida a capturar la libertad en otro plano
rompió las barreras de su piel
y emprendió vuelo sin mapas ni compás.

Miradas curiosas se aglutinan
imaginando historias ya borradas
en ese cuerpo ajeno al sabor dulce amargo del placer
pero el fuego no miente,
ni la muerte lisonjea.

La recorren como un subway sus carriles
con sus estaciones y paradas.
Se detienen… suspendidos en alta tensión emocional
sabiendo que jamás palparán ese cuerpo
                que ya muerde la derrota
y el frío sonámbulo de las calles de la ciudad.

Señor, a ella que lloraba noche a noche
            frente a la ventana de su rascacielos
abréviale la estancia en las cavernas
en esa luz plural de oscuridades.

DESVARÍO

Sumergida en mi nueva soledad
frente al papel, mar donde navego…
baladas de luciérnagas rasgan la niebla de la noche
lejos, un águila pescadora calienta a sus polluelos.

El delgado grito de los grillos horada el cuerpo del silencio
y el tic tac eterno del reloj pasa desdibujando sueños.
Yo bebo a sorbos la sed de regreso que me sigue
　　　fiel a mí misma
　　　fiel a mis anhelos.

Se despeñan los sonidos de la noche
transportando en su partitura la locura
sordos a mis súplicas
a mi imperativo de divisar otro horizonte…

Miro el reloj… es apenas media noche…

¡Oh larga noche en este desvarío!

EPÍGRAFE III

En cuanto se manifestaba el síntoma de la peste, encerrábamos a las víctimas en un cuarto de aislamiento. Y la gente tenía que meterse en ellos por su propia voluntad sin que tuviéramos que tocarlos.

JACK LONDON.

NO IMPORTA

Si el resplandor y el asombro colorean tu jornada
no importa donde ejerzas tus proezas
donde derrames tus lágrimas
o donde vivas la paz imperturbable.

Si el sol se ha deshecho en sangre
despiértate, niña, del letargo
engalánate con el traje de fiesta
y desafía con tu cetro los luceros...
De verde te sonreirán las praderas.

Si un joven se suicida
conmocionado por su miseria sin amor
         dura como la traición de su amada
y lleva la sentencia en su frente
como nube que ensombrece su mirada
y un rictus de llanto en su sonrisa
prefigura la mueca de la muerte....

¡Huye!
Huye, niña, de los íntimos venenos
y cierra tus ojos a visiones siniestras
no importa donde plantes tu tienda
ni donde cantes tus proezas.

RUPTURA

Quién me rescatará ilesa del derrumbe...
quién enrutará en la nueva travesía
        a la aparente melodía que soy
        de un concierto discordante....

Rodeada de color, casi irreal
soñando copular con la armonía
convicta de la eterna impermanencia
persistente a toda prueba
        en la intimidad de mi propia celda...

Rompo la cuerda de balance
y en un lento fluir de torbellinos
me libero de simetrías perversas
y en esa imperfección brilla mi sino.

FRAGUAR

Fraguo mi boda con la verdad
    en una ciudad divorciada del tacto
me hago escuchar
    sin deglutir el alfabeto poder y corrupción.

Evito el riesgo de perderme entre las vísceras
    en el glosario del contrapunto y la disputa.

Sobrevuelo un paisaje
    que no entiende de pájaros ni auxilios
y en mi velero con afición de ave
planeo en la vagabunda agua salada
    entre las brumas marciales y la herrumbre ...

En este navío incorruptible me resguardo
    de la incubadora de reglas arbitrarias...
soy susurro besando lejanías
y con la inalterable fuerza del destino
huyo de los carentes de coraje,
    esos tristes artífices de guerras.

FIN DE UN MUNDO

Quisieron en vano recortar mis alas
        y no estoy loca...
La santa y la heroína se extraviaron
entre cristales rotos y mis sueños partidos ...

A campo traviesa, asolada por el viento
voy atada a la sombra de mis mayores
        mi tabla de salvación y sacrificio
que convoco con un chasquear de dedos....

Hoy sábado, recuerdo a los niños
celebro con su inocente luz el jubileo
revivo mi travesía por el desierto
desprovista de la vara mágica
que me salvaría de los cruentos torrentes de mis días.

Me asedian monstruos...
me sumen en interminables pesadillas
y me dejan atónita y sin razón.
La tierra se estremece y resuenan sus flancos
crecen campos con cadáveres propios
en las fisuras de pasados errores
        que han enlodado nuestro planeta azul.

Guerras, pandemias, terremotos,
inundaciones, incendios y volcanes
donde crece la barba de un dios agotado
        en el eterno duelo entre la luz y la tiniebla.

Ahora, cuando la muerte está más cerca
necesitamos revestirnos de coraje
y en andrajos, entre la voracidad sin límites,
nos acariciamos en silencio con los ojos cerrados.

¿Para qué hablar de esto? ¿Quién me oye?
se enriquecen insaciables los rapaces
caen verdugos sobre la multitud indefensa
dejándonos a la merced de la intemperie.

Abracemos nuestra tierra, un arco iris la corona
       curva de solidaridad...
          palabra cada día más extraña
cuando una peste nos tapa la boca
y quisiera hurtarnos hasta el habla.

Escuchemos el llanto de la tierra
en sus lenguas protesta los ultrajes
y me dejas y se vuelve sangre...
De qué tierra, de qué país hablo
si las puertas hace tiempo se cerraron
pero el perdón puede lavar el espíritu
como la roca ígnea que nos abrasa y nos ensalma.

Se incumplen las promesas,
añoramos a los amigos
llueven bombas y misiles...
y somos carnadas de caimanes
que se disputan el botín bajo un sol estival
y nos lanzan al lugar de no-retorno...

Volveremos a la vida primigenia
el coloquio de las aves
los pentagramas del viento
la sabiduría de la quietud
a la hora más álgida del día
cuando la esperanza se borra
la muerte nos habla y el dolor toma el pulso
mientras yo alucino en una soledad de calicanto.

PATAS ARRIBA

Como un llanto contenido
o un aullido inaudible iba el coronavirus
añorando el exterior y el encuentro con nosotros.

Provino de un murciélago -al menos eso decían-
que vive en cuevas oscuras colgado patas arriba
y su costumbre de especie la impuso a la humanidad...

La plaga sobrevolaba, la única que nos palpaba
la pandemia doblegaba y nos enseñaba a perder.

Progreso y destrucción unidos como siameses
nos condenaban a un limbo, a caminar por la duda
y atravesar la sospecha encajados en un ritmo
forjando ilusiones nuevas y represando el amor.

REBELIÓN

Cuántas horas idas masticando arena
en un estrangularse del estómago
estrujados por la rabia y el temor.
Todo destila un sabor a opresión.

En qué recodo nos perdimos
inventando este brusco descenso
esta confusión sin orillas
sin el roji-verde alboroto del cafeto
sin la risa del maíz y las espigas.

Volvamos a los huesos silenciados
a las dulces intenciones de un porvenir más cierto
las noches de conciertos y de óperas
de bailes con amantes imprevistos
y viajes sin horarios por predios desconocidos...

Derrotemos al suicida que se rinde
sin realizar su vocación de águila.
¡Salgamos de este tránsito angustioso!

DETENGAN AL MONSTRUO

Detengan al monstruo
quiere vendarnos el alma inútilmente.

Desde hace años acecha
como araña minuciosa en su telar...
como sierpe vaticina desgracias...

Atravesamos sin escudos la ciudad
nos suelta insultos mordaces
tan habituado a las máscaras
es incapaz de entender la desnudez...

De blanco vamos a orar como otros días,
y nos lanzan perdigones de las cimas
en espirales llega la venganza.

Los aviones pierden altura
papeles son a la merced del viento
hay tormentas... nos iluminan relámpagos.

Jugamos a equilibristas entre huracanes
y como pájaros ungidos de cielo
esperamos una chispa de estrella
que nos conduzca a una escapatoria.

ALMENDRO

Almendro enrojecido,
te has quedado sin pulmones.

Tus hojas en las alas de la brisa
deambulan meciéndose en hamacas etéreas
descienden y reposan exangües en la tierra.

A nadie le importará pisotear tus hojas
tan esenciales que fueron un instante.

Inmutable
    sin trajes
    sin abrigo
continúas erguido... inconmovible
mirando morir tus partes
y tus frutos anuncian
que reproducirán tu destino.

Amo tu silenciosa serenidad
tu imperturbabilidad ante los inevitables ciclos
tu vitalidad oculta esperando la nueva primavera...
una mañana te despertarás bailando.

DESAMPARO

Vician el aire bombas lacrimógenas
cunde el miedo... el desamparo dura.
los buitres devoran la carroña
no hay un lugar para el reposo.

Asedian las pandillas disfrazadas con banderas
se subastan falsos cielos
un reguetón... un hip-hop... un rock and roll...
este es mi planeta...   mi ciudad exterior
donde la noche nos saca los ojos como bisturí de cirujano
y la nieve nos deja a la merced de una vela
registrando el vuelo de helicópteros en fuga...

En tiendas de campaña refugiados reimaginan el amor
y en silencio beben un té tan amargo
como el duelo por los muertos y el dolor de los heridos.

CUERDA FLOJA

Danza mi historia entre versos rotos
atravesando llantos
diseñando sueños
paladeando amantes ...

Y ahora, la luna pálida menguante
    señora del firmamento se figura
pretende hurtar el fulgor de mi cenit privado
enmudecer el sordo gemido de la cópula
la inocencia desnuda de los cuartos
la felicidad de compartir en paz la mesa.

Loca persigo un alcatraz
que me libere de esta luna borrascosa
y del trajín que anula mi imaginación.

Espectros en el dintel de la oscuridad
me impulsan a saldar deudas
que ignoro cómo y cuándo las contraje.

Me quedo en vilo... y lo desconocido se revela
como resuelta ecuación de mi existencia
y me desplomo en la mina de mis dudas
me fugo al absoluto silencio
al hogar del verbo y del amor.

DESDICHA

Han derribado el árbol milenario
las aves claman incesantes…
Su canto es queja.

Caminantes entre zarzas y esperanzas
anticipan la semilla terrenal de la desdicha.
Amargas viandas, amargo el pan
amargo el humo que obnubila el alma.

Como palomas heridas en soledad
las madres asisten al derrumbe del hogar.
Su canto es lloro.

Las campanas llaman al ritual
mujeres envueltas en negros pañolones
van a los templos a aspirar el infinito.
Su canto es súplica.

Aves, caminantes y mujeres abatidas
porfían incansables en las sendas de la elusiva dicha…

MOMENTO HISTÓRICO

Como hojas desprendidas de un árbol milenario
refugiados de todos los confines vagan sin destino
saboreando los frutos más amargos de un tiempo que los
dejó de lado.

Mujeres profanadas, negociadas
      sin amor, sin tribu, ni ralea
silencian las notas lujuriosas de las roncas trompetas
buscan la justicia como norte
la dignidad del colmenar
proteger el sacro templo de su cuerpo
      altar donde se cumple el ritual del amor.

Mas, si te importa esta mayoría
los desplazados de sus moradas
si te unges con el pueblo
si enarbolas la libertad de amar
si has curado las heridas de tu madre
y sabes que las invasiones son un gran error...
¡Eso precisamente te hace condenable!

Llegada la hora de la conmoción
las llamaradas fijan nuevos archivos
el mal vive su breve noche de gala
y los falaces esperan el patíbulo que amerita
      su temible submundo de intereses.

Un día, como Merlín, sucumbirán
víctimas de su propio invento.
      Siempre nos queda la esperanza.

CONFUSIÓN

Tendida sobre la hierba mirando pasar las nubes
        me atacan armas letales.

Creen que soy forajida, con criminal me confunden.
Mimetizarme quisiera, con las niñas de la escuela.

Me quieren asesinar jornaleros del terror
he dicho algunas verdades que no pueden soportar
y yo sólo hablé de un pasado lejano e irremediable
sin presente ni pronósticos...

Un pañuelo blanco izo cauterizando el dolor
y en vano grito y convoco la presencia de la paz.
Estoy grave de verdad
        de rebeldía y de ira
y la medicina no conoce el bálsamo contra el horror.

Sin palabras me he quedado
y no puedo ni narrar el inédito tormento
        que recordé al despertar.

EPÍGRAFE IV

El despertar viene de repente y sin sentido
El miedo se desplaza vertiginosamente
para retornar luego con nuevas y abrumadoras energías.

ÁLVARO MUTIS

TRANSICIÓN

La fragilidad y la fuerza son gemelas ...
Aunque la ciudad despunte con su brillo y su verticalidad
se imponga ante tus ojos como un baluarte desafiante, y la
casa destile un aire de protección garantizada...

Aunque la multitud de coches en las autopistas, los barcos
en altamar, y los trenes al filo de cordilleras se deslicen en
perfecto orden y parezcan invencibles con sus pasajeros
ajenos a la sola idea de un accidente...

Aunque en invierno los amantes ardan en el fuego del
éxtasis y las parejas de ancianos se sumerjan en sus
abrigos con olor a naftalina, y se miren con la certeza de
que nunca se separarán...

Aunque las instituciones pretendan ser eternas y las fiestas
sean un rito para garantizar la continuación de la vida
contra todo desorden del azar...

Un día, el río que tantas veces deleitó tus ojos se derrama
borrando sus riberas; el fuego de los explosivos devora
selvas y ciudades; la tierra tiembla... se sacude; la salud
desaparece o se ve amenazada en un abrir y cerrar de
ojos y tenemos que huir, sin mirar atrás, evitando repetir
el destino de Orfeo o el de la mujer de Lot.

Y los álbumes de fotografías antiguas, los archivos digitales,
los ordenadores, y hasta el más mínimo símbolo de memoria,
de poder o de orgullo es engullido por el desastre...
Todo lo amado se derrumba y al aire libre nos dejan
desnudos los huracanes.

Cataclismática, la ciudad ya no existe.
Se conmueven las instituciones donde oficiamos la diaria
rutina; reina el caos; el azar camina a sus anchas con su
propio atuendo, y vivimos la muerte como condición
siamesa de la vida...

Una nueva realidad toma puesto, y comprendemos que la
seguridad imaginada
            es tan frágil como una llama al viento.

TRÁFICO DE CULPAS

Trafican con la culpa en los mercados
la venden... la subastan siempre a nuestras espaldas...
Intentan bloquearnos
extinguir nuestra chispa.

De buenas intenciones la culpa se disfraza
de bandera de "un orden"
o sereno que vigila la noche singular...
Se regodea en pasivos agresivos,
        cometas diminutos con colas de lagartos.

Recrea padres ausentes
madres autoindulgentes
y habita y se consagra en pérfidos amantes
va del apego al miedo
        de creer a desconfiar
        de perfidia a posesión ...

La culpa malhechora que asesina esperanzas
        de tumbas es guardián.

SOY UN ECO

Soy un eco de rumores lejanos
tatuaron mi cuerpo el silbar de las aves
la caricia del agua
el vocerío de las olas y el viento.

Marinera soy, llevo en mis ojos el mar
el chapoteo del ancla en arenas vírgenes
y cabalgo en el fragor de las velas al vaivén de la marea
que besa las paredes de mi casa flotante.

Soy la tensión de ordenadores
aturdida por el ruido del tráfico
y el rumor de trenes subterráneos.

Confinada pretendiendo optimismo
curiosos e invitados turban mi sosiego
forzándome a ofrecerles un albergue en mis sueños
y sin umbral que nos separe
llegan, se despojan de joyas, ropajes y carteras
y se quedan desnudos como quien ingresa a tomar un baño.

Un puntito diluido en el horizonte soy
una memoria donde abundan los muertos.

ENTIDAD NEFASTA

Te fraguaste en aguas alteradas
con velos raídos ruedas como papel ajado
                              en un ciclón
víctima y victimaria has caído
y quieres arrastrarnos al agujero negro
a recibir la lección que sólo tú precisas.

Viniste a trancar todas las puertas
a cerrar candados y cerrojos
y a desandar tus pasos
ignorando los gritos del ahogado.

Viniste a saciar tu sed de moribunda
a ver la bancarrota de tus sueños...
a imponer tu destemplada voz
y tu lengua babilónica.

Mas tu fuerza se acabó, luna menguante
mejor si estás perdida
te lo dijo tu instinto
te lo advirtió el fuego de tus cráteres
y te negaste a escuchar.

Como Saturno insististe en devorar a tus hijos
ahitarte con sus propias vísceras
y para tu vergüenza de satélite
no encontraste órbita para tu rotación
en el templo donde se oficia
              el divino misterio del amor.

PESA LA RAZÓN

Hoy más que nunca me pesa la razón
su mirada complaciente y elusiva
me importuna como su tropel de malestar.

He pateado diversos continentes
en las veredas del intelecto temperé
hospedé peregrinos en mi cuerpo
venidos de muy lejos en busca de la luz...

Y la razón siempre me falló.

Me decido por la intuición y por la piel
lejos de la concordancia de relatividades
que quieren negar mi dermis y epidermis...

Hoy sólo quiero habitar la pasión y que el amor me habite...

CAUTIVOS

A los cautivos de números y cálculos
incapaces de correr una aventura
cara a cara con la docilidad del agua...

Los que se sumen en reglas y controles
y desconocen la gloria de un abrazo extemporáneo
y el acorde inaugural de la mañana...

Los que ignoran llamaradas en bosques legendarios
—bello espectáculo de fuego en la colina—
donde la loba aterrada huye con sus cachorros chamuscados...
¡y su dolor la quema!

Los que viven como aves minusválidas
encorvados ante el desorden de la lluvia
alineando mesas y registrando cifras...

Todos ellos han coronado ya la cima del fracaso
luchando a bofetada limpia para escupir
y pisotear la flor inmarchitable de la vida.

LA NOCHE

Viene la noche y en su manto de fuego
titilan astros que sincronizan mi destino...

Vuelvo a la noche inocente
a la noche que supura por la herida
y me uno a su rabia, a su renuncia
sin pronunciar una sola palabra
ante la jauría de ficticios soles.

En esta noche, en este espacio vivo la oscuridad
amante furtiva de caídas y ocasos
tiritamos de un frío jamás sentido.
Noche de mis mayores en el viejo pueblo
sin amparo, sin suficiente abrigo.

Aceptada tu sin razón, vine a decirte
ya no me espantan tus amenazas
no temo a los delicados dedos de la niebla...
las estrellas me alumbran como nunca
me redimen de tus afiladas garras
y mi ser alejado de tu engaño
toma cuerpo y se emancipa.
Fuiste sólo un equívoco en espejos invertidos.

ÚLTIMA CITA

I

A quién lanzaré mi voz
        en esta oscuridad que lame luces artificiales...
Quién oirá mis reclamos y delirios...
De dónde este raudal de pensamientos
        que me despliega seres lejanos a su antojo
y agita necesidades y añoranzas...

Quién a esta hora se hará eco de mi fluir..
En qué rincón del planeta
        seré hierba crecida entre las ruinas,
mientras velo el desvanecimiento lumínico
        del paraíso urbano de mi libertad...

II

Si puedes escuchar tus cavilaciones
y te estremeces al sentir que transitas
por todos los espacios que has pisado
como en perpetuo presente:
has aprendido la lección del río...

Se acerca el encuentro decisivo.

Si todos tus amantes se dan cita
en distintas regiones de tu piel

y callas para dilatar el encanto
estás llegando a la disolución final.
Es preciso que no te detengas...

Acógete a la eternidad de ese instante.

Si tu vista se queda fija mirando al infinito
y todo pasa sin rozar tu solemne indiferencia
se aproxima la luz de un sol de medio día
no intentes salir de esa región.

Jamás podrás desandar tus huellas.

III

Llega el momento de cerrar el juego.
Te pulieron la enfermedad y la nostalgia
              y sus poderes para desgastarlo todo.

Se acaba el tiempo que te fuera fijado
para distraer el aburrimiento de los dioses.

Se cierra tu ciclo, se descubren las cartas
no hay sorpresas...
Jugaste la asombrosa aventura de vivir.

EN RECLUSIÓN

Recluido en tu lecho de muerte
dibujas y borras lo que pudo ser
en tus manos un color enrarecido
y en tu pecho el llanto se demora.

Rumias anhelos postergados
buscas la cábala que conjure el dolor
la oración pacificadora para cabalgar la ola
        sin sentir piedad ni avanzar al terror.

Necesitas respirar y no hay oxígeno
necesitas ver y te encegueces
una caricia... sólo ausencias
y tus deseos siempre iguales en tus largos fines de semana...

Escapas en mundos raros o quizás ya presentidos
se silencia el don de revelarte
        te cubren la boca
y la culpa consume tu aliento.

Nadie participa de tus luchas
la soledad te cincela lentamente
los señores del desorden desmantelan tu cuerpo
los señores del miedo ensordecen tu música...

Y te desvaneces ansiando lanzar al abismo
ese lastre que dé tumbos para siempre
        lejos ti... lejos de nosotros.

CUANDO ME VAYA

Cuando me vaya, es ley,
nada me llevaré
olvidaré mis libros, mis ganas de viajar
mis canciones preferidas
las tardes entre Strauss, Berlioz y Corigliano.

Sin el menor dolor todo lo dejaré
diré un adiós sin lágrimas
liviana partiré
marcada por mis rastros de aciertos y de errores.

¡Feliz me sentiré!

Cuando me vaya
danzarán mis cenizas al ritmo de las aguas
de un "Gracias a la vida" y el "Himno a la alegría" ...

Mi existencia esculpida entre arcillas y guijarros
exhibirá por fin su tersa redondez.

SIN PREAVISO

Te fuiste, así, sin avisarme
y en tu voz Barba Jacob predecía tu partida:

"Mas hay también ¡Oh tierra! Un día... un día... un día...
En que levamos anclas para jamás volver
Un día en que transcurren vientos ineluctables
¡Un día en que ya nadie nos puede retener!"

Yo necesitaba aún de tus abrazos
para llevarme el monte de tus días
la anécdota que me rescatara de este frío
en el que cada día me siento más foránea...

Aquel domingo... no me dijiste que tu voz se apagaría
habría gozado tu tiempo hasta agotarlo
en mi lengua hoy se apilan las palabras
y el teclado y la pantalla en blanco esperan
glosar tu paso por mi vida.

La existencia nos quedó pequeña
llovió distancias en las fechas memorables
ausencias en la mesa de alegrías
clausuró puertas, nos cerró ventanas...

Y ahora, cómo juntar los pedacitos de tu alma
dónde esconderme a contemplarlos
y cómo habitar ese país similar a los espejos
que sólo existe en mis plácidos anhelos.

Te fuiste... así, de pronto...
   en un paralizarse de tu sangre...
y en mi ser galopa un potro de nostalgias.

NO TE VERÉ MÁS

A Frank in memoriam

Ya no te veré más cargando tu mochila de ilusiones
no dialogaremos sobre el paraíso que ibas a construir
    sobre la tierra.
"Vivir también es un riesgo" —era tu lema
Tu moral, el desapego
y tu anhelo, un improbable mundo justo para todos.

Cuando regrese no habrá prisa por visitar tu casa
no recordaremos los juegos de la infancia
y faltarás en mi lista de regalos...

Soñaste demasiado... fuiste lejos...
Tu vida se esfumó en el tráfago de pleno mediodía
la guadaña se cernió sobre ti...

Tu bondad iluminará los árboles;
echará raíces
dará color a las flores
buen sabor a los frutos
y yo no te veré más...
Desde ese frío cementerio donde yaces
esa patria donde todo se olvida
profetizarás el desenvolvimiento de los días
aconsejarás a los fantasmas mejores formas de auxiliarnos
recordarás sin amargura este planeta
donde, ya sabemos, es imposible la felicidad perenne
y vagarás vestido con tu único disfraz:
                  el sueño.

SALIDAS DE EMERGENCIA

Me fugo del tedio y la ansiedad
por la puerta del poema
vuelo en las alas de la música y el baile
o salto al trampolín de la aventura
mis senderos directos a otros mundos...

Invento avenidas con aire de verdad
los niños juegan libres y nadie muere de hambre.
Un estado de paz y de abundancia me figuro...

Las mujeres, dueñas de sus cuerpos,
no son más objetos del mercado
cada quien feliz en su elemento
sin avaricia de farmacias ni seguros
tan dispuestos a alargar el sufrimiento
en asilos y casas de retiro.

              No.
Yo no quiero que esta tragedia me suceda
me iré tranquila con la naturaleza de mi lado
franquearé sin controles el abismo
esa ventana abierta a otro patio
donde agujeros negros con seguridad me esperan
para transfigurarme en una estrella.

LA MUERTE NO EXISTE

¿Verdad que no te has ido?
Me esperas todavía al pie de la Virgen milagrosa...
De nuevo me saludas y escucho tus preguntas:
—¿Hija va para la casa?
—Venga, nos tomamos algo juntos
        y conversamos un rato.

Verdad que allí me esperas
para paladear juntos, yo un jugo y tú un café.

Arreglamos nuestro mundo
lo sembramos de frutales
repartimos el agua equitativamente
e imaginamos techos para la comunidad.

Un trago de jugo... y tú, otro de café...
"Dios existe" -me dices.
Te asombra y aparece a diario en tu camino
y la tierra ha sido tu madre protectora
desde el día en que abuela nos dejó.

—La muerte es necesaria —con certeza afirmarás.
—Si no existiera, la hubiéramos tenido que inventar.

Ahora es mi turno, papá:
—tú no has muerto,
te llevo en cada uno de mis rasgos
en mis actos, mis desvelos y mis sueños
y por eso hoy te aseguro que la muerte no existe.

HAN MATADO A UN HOMBRE NEGRO

I

Han matado a un negro y lo hemos visto casi en vivo
su nombre era George Floyd
dos policías lo arrestaron, ellos mismos lo esposaron
y un tercero lo acribilla, su nombre es Derek Chauvin,
sin respeto, el patrullero lo arrastra desde su asiento
y contra el piso lanza a ese pobre hombre indefenso.

Acto seguido descarga sobre el cuello de la víctima
la blanquísima rodilla de su cuerpo policial
mientras iracundo mira una veces a su presa
y otras al horizonte
como si fuera a inspirarse para su hazaña infernal.

Floyd sobre el pavimento pedía auxilio y compasión
"¡I can't breath" dijo N veces, y casi llorando "!Please!"
Finalmente gritó "¡mamma!" "¡mamma!" y la muerte lo calló.

II

Han matado otro hombre negro, la lista es interminable
la historia no empieza aquí son siglos de lucha en ristra
vendidos, esclavizados, trata de negros, comercio,
barcos negreros, torturas, despojados de su lengua
de su cultura y sus ritos, privados de una familia
de relaciones sociales, tratados como animales...
Abusados por sus amos de diferentes orígenes.

En África los compraban para poner en sus hombros
la eficiencia en plantaciones, de caña, tabaco y otros
la blancura del azúcar, el buen sabor de los frutos
la extracción de oro y plata, la navegación de ríos
la sazón en las cocinas, el cuidado de los niños
y la impecable ropa blanca de todos los holgazanes
que el trabajo desdoraba o sus manos les manchaba.

Holgazanes religiosos, abogados, tinterillos
ladrones de cuello blanco, o sino en puestos de mando
como dueños de las leyes, de las haciendas, y minas
tomadas de los indígenas que junto a negros esclavos
gestaron y levantaron la revolución industrial.

III

Han matado a un hombre negro, otro número en la lista
que empezó con Portugal por allá en el siglo XV
y luego se extiende a América bajo España e Inglaterra
bajo Holanda y Portugal, y bajo Francia también.

No olvidemos Nueva Orleáns, ni la Guayana Francesa
tampoco la Española, con Dominican Republic y el
agonizante Haití.

IV

A George Floyd lo han matado en Estados Unidos
país, cuna del gran jazz, y los spirituals de J. Norma
de la esclavitud campeón con Cuba, México Brasil
vecinos de Cartagena, otro gran puerto negrero.

En su maleta aún carga crímenes y frustraciones
incluye los linchamientos, recordemos a Emmett Till
por qué después de siglos perpetúa la injustica
el racismo y la desigualdad...

La maquinaria política es difícil de cambiar
sorda ante los reclamos, los clamores y las pruebas
máquina reproductora de abusos y de exclusión
permisiva de desmanes contra inmigrantes y negros
que con su diaria labor enriquecen La Nación.

En medio de la pandemia llamada Covid19
mueren negros y latinos en una gran proporción
sin que nadie en el gobierno ofrezca la solución
o al menos que se pregunten por qué tal disparidad...

Nunca se podrá ocultar con un dedo la luz del sol.

V

Otra vez la policía ha matado a un hombre negro
y las calles clamorean con dolor, rabia y frustración
que este lenguaje del pueblo lo entiendan los que conducen
Tienen leyes, tienen orden, e instituciones a granel.

La violencia no es repuesta, pero el pueblo se cansó
de en paz esperar paciente, cambios que vengan de arriba.
Matar a cualquier ser humano negro o de cualquier otro color
es un acto aterrador, peor sin causa evidente...

Y la exclusión y el racismo sin arreglo continúan...
Hay que decirlo con todo "no podemos respirar"
a los cuatro vientos gritar esta fractura racial
esta discriminación por tanto tiempo legal.

Acceso a vivienda pública, no más prisiones sesgadas
igualdad en los salarios, y en el sistema sanitario...
ya no más esclavitud, con tan variados disfraces
exijamos que las estrellas alumbren alineadas.

Que políticos escuchen sin responder con violencia
a las etnias que pacientes han esperado por siempre
y nadie las ha escuchado.

Ya no bastará la ira
ya no bastará el horror
llegó el momento del cambio.
¡Han matado a un hombre negro,
lo digo con gran dolor!

ENTRE SOMBRAS

Entre sombras de colores otoñales
garzas azules picotean insectos a la orilla de un mar
hermoso como los comienzos
cuando me sentí nacer bajo la luz
y desperté para darme cuenta
del pasado que atrapó ese momento
y el dolor sin compasión golpeó...

Vivo esta fase irresistible
me quiebro en el hastío del otoño
soy viento, avariciosa de la luz
sueño florecer en primavera
navegar en aguas saladas
sin destino
repitiendo rostros y paisajes
mientras las olas cambian en segundos...
pero prisionera soy de tragedias ajenas
de las que no he podido escapar.

SED DE PAZ

Cuando la oscuridad nos cubre y la realidad nos desgarra,
persigo ese reino perdido que me asistirá al final de la jornada
y como voz guardiana me dicta
la implacable urgencia de volver a la semilla...

Salgo de la prisión y veo claro:
más allá de la palabra la paz toca el infinito
en una lucha más ardua que el diario laborar en el poema
sin poder alcanzar el verso madre, el poema cabal
o la iluminación irreversible que me embriagaría
con la sedosa fuerza capaz de cambiar:
            guerra en armonía / destrucción en creación
            crimen en virtud / caos en orden.

Cedo a la paz mi centro y yo me quito
se derrumba el orgullo... me diluyo
veo lo invisible... escucho lo inaudible
habito una casa sin muros
sorteo abismos
asciendo sobre estáticas semblanzas
y un fugaz rayo me atraviesa
me deja su marca en el momento más ácido del tiempo
y despierto a otro sol que calienta mi íntimo desierto.

NOTA FINAL

"Y si queriendo alzarte nada has alcanzado / Déjate caer sin parar tu caída…"

VICENTE HUIDOBRO

Al concluir este poemario me pregunto ¿qué fortuna le espera a un libro surgido en reclusión, desorden, miedo, soledad impuesta y con la amenaza de la muerte a cada instante? *Mordiendo la penumbra* es imagen de mi tabla de salvación, mi puerta de emergencia durante la pandemia del Covid19, y testimonio del modo en que viví un tiempo tan intenso que ni en pesadillas hubiera podido imaginar. Los primeros meses de esta temible época experimenté la incertidumbre como nunca antes y, aún en compañía, la absoluta soledad, forzada por un virus que navegaba feliz en las caricias, los estornudos, los ataques de tos, los susurros, los abrazos y los besos convirtiendo al otro en un enemigo potencial. Al inicio, para contrarrestar este virus no hubo más que reclusión obligada y medidas de higiene redentora cada 20 minutos. Fue entonces que llegué a sentirme una con agua y la espumosa caricia del jabón que me recordaba los poemas de Francis Ponge.

Y nada lograba serenarme, hasta una simple tos en la noche era tan alarmante como el lamento de una ambulancia en la puerta de la casa. Buscando refugio en mis precarios recursos interiores me salió al encuentro la poesía y la escritura para conjurar la desolación de la hecatombe que se nos venía encima y que el lector habrá percibido en mis poemas. Al tiempo que germinaba este poemario, publicaba *Wake of Chance/ Estela del azar* (2021), que con sentido premonitorio había escrito cinco años antes. Hoy, cuando se cumplen el quinto aniversario de la pandemia, salen a la luz estos poemas que dan cuenta de lo que fue para mí un período que nos parecía inacabable. Hoy lejos han quedado los días cuando flotaba en medio del vacío y de la incertidumbre, cuando me convencía a mí misma de llegar al otro día sin que la muerte me viera, cuando escribí para olvidarme del miedo, y de la muerte, hoy sólo me queda *Mordiendo la penumbra* donde las memorias toman su turno, se codean, empujan, se confunden... y, ya fuera de ese peligro, me saturan de dolor y de la misma nostalgia que sentía cuando soportaba esos meses sin quejarme ni llorar, ansiando otro momento para estar juntos, abrazarnos y celebrar.

CH

ÍNDICE